Tracks In The Snow: Short Stories for Norwegian Language Learners

Artici Bilingual Books

Published by Artici Bilingual Books, 2024.

While every precaution has been taken in the preparation of this book, the publisher assumes no responsibility for errors or omissions, or for damages resulting from the use of the information contained herein.

TRACKS IN THE SNOW: SHORT STORIES FOR NORWEGIAN LANGUAGE LEARNERS

First edition. February 28, 2024.

ISBN: 979-8224681686

Written by Artici Bilingual Books.

Table of Contents

Trollet på Trondheim Torg

I den sjarmerende byen Trondheim, med dens brosteinsbelagte gater og fargerike trehus, ligger det et torg som er hjertet av byens puls. Trondheim Torg, som det er kjent blant de lokale, er et sted fylt med liv og aktivitet fra morgen til kveld. Men bak det travle ytre skjuler det seg en hemmelighet - en historie om et troll som en gang vandret blant menneskene på torget.

Historien om trollet på Trondheim Torg begynner mange år tilbake i tid, da byen fortsatt var en liten landsby omgitt av skoger og fjorder. På den tiden bodde det et vennlig troll ved navn Trym i skogen like ved byen. Trym var ikke som de andre trollene; han var nysgjerrig og vennligsinnet, og han elsket å utforske de nærliggende menneskelige bosetningene.

En dag bestemte Trym seg for å besøke Trondheim Torg. Han skjulte sitt store trollansikt under en vid kappe og blandet seg forsiktig blant menneskene som handlet på torget. Til å begynne med la ingen merke til den rare mannen med den lange kappen, men etter hvert begynte folk å stirre og peke.

"Se der! En trollmann på torget!" hvisket noen og pekte på Trym.

Men til alles forbauselse var Trym ikke ute etter trøbbel. Han var bare nysgjerrig på menneskenes måte å leve på. Han kikket på de fargerike varene som ble solgt på markedet, lyttet til de glade samtalene og nøt duften av fersk bakverk som svevde gjennom luften.

Etter hvert ble Trym kjent med noen av de lokale innbyggerne på torget. Han hjalp til med å bære tunge bører, og noen ganger underholdt han til og med barna med historier fra trollenes verden. Til gjengjeld fikk han mat og ly for natten av de snille menneskene som satte pris på hans hjelpsomhet.

Men en dag kom det en ondskapsfull trolljeger til byen. Han hadde hørt rykter om et troll som vandret blant menneskene på Trondheim Torg, og han var fast bestemt på å fange det og ta det med til kongens hoff. Trym visste at han måtte være forsiktig, men hans nysgjerrighet fikk ham til å bli på torget.

Trolljegeren gikk rundt på torget, og til slutt fikk han øye på Trym. Han grep tak i Trym og truet med å ta ham til fange, men da menneskene på torget så hva som skjedde, grep de inn. De forsvarte Trym og fortalte trolljegeren at Trym bare var et vennlig troll som ønsket å leve fredelig blant dem.

Trolljegeren ble overbevist av menneskenes ord og lovet å la Trym være i fred. Fra den dagen av ble Trym en kjent figur på Trondheim Torg, og selv om han aldri mistet sin nysgjerrighet og eventyrlyst, ble han alltid husket som det vennlige trollet som vandret blant menneskene.

Så den dag i dag, når folk samles på Trondheim Torg for å handle og sosialisere seg, hvisker de fortsatt historien om det vennlige trollet som en gang vandret blant dem. Og selv om det kanskje bare er en historie, minner den dem om viktigheten av å være åpne og tolerante overfor andre, selv de som er annerledes enn oss selv.

The Troll at Trondheim Square

In the charming city of Trondheim, with its cobblestone streets and colorful wooden houses, lies a square that is the heart of the city's pulse. Trondheim Square, as it is known among the locals, is a place filled with life and activity from morning till night. But behind its bustling exterior lies a secret - a story of a troll that once wandered among the people in the square.

The story of the troll at Trondheim Square begins many years ago, when the city was still a small village surrounded by forests and fjords. At that time, there lived a friendly troll named Trym in the forest near the city. Trym was not like the other trolls; he was curious and friendly, and he loved to explore the nearby human settlements.

One day, Trym decided to visit Trondheim Square. He hid his large troll face under a wide cloak and mingled cautiously among the people shopping in the square. At first, no one noticed the strange man with the long cloak, but eventually, people began to stare and point.

"Look there! A wizard on the square!" whispered some, pointing at Trym.

But to everyone's surprise, Trym was not looking for trouble. He was just curious about the way humans lived. He looked at the colorful goods being sold at the market, listened to the cheerful conversations, and enjoyed the scent of fresh pastries wafting through the air.

Over time, Trym became acquainted with some of the locals at the square. He helped carry heavy loads, and sometimes he even entertained the children with stories from the world of trolls. In return, he received food and shelter for the night from the kind people who appreciated his helpfulness.

But one day, an evil troll hunter came to the city. He had heard rumors of a troll wandering among the people at Trondheim Square, and he was determined to capture it and take it to the king's court. Trym knew he had to be careful, but his curiosity made him stay at the square.

The troll hunter roamed around the square, and eventually, he spotted Trym. He grabbed Trym and threatened to capture him, but when the people at the square saw what was happening, they intervened. They defended Trym and told the troll hunter that Trym was just a friendly troll who wanted to live peacefully among them.

The troll hunter was convinced by the people's words and promised to leave Trym alone. From that day on, Trym became a well-known figure at Trondheim Square, and although he never lost his curiosity and sense of adventure, he was always remembered as the friendly troll who wandered among the people.

So to this day, when people gather at Trondheim Square to shop and socialize, they still whisper the story of the friendly troll who once wandered among them. And although it may just be a story, it reminds them of the importance of being open and tolerant towards others, even those who are different from ourselves.

En Katt ved Kysten

Det var en rolig morgen ved kysten av den vakre lille byen Sandvik. Solen kastet sitt gyldne lys over de rolige bølgene som skvulpet mot den hvite sandstranden. En svak bris bar duften av saltvann og tang, og lyden av måkene som skrek i det fjerne fylte luften. I dette idylliske hjørnet av verden fant vi vår hovedperson, en liten katt ved navn Molly.

Molly var ikke som andre katter. Mens de fleste katter foretrakk å tilbringe dagene på jakt etter mus eller å slappe av i solen, hadde Molly alltid hatt en nysgjerrig natur. Hun elsket å utforske verden rundt seg, og ingenting brakte henne mer glede enn å vandre langs den vakre kystlinjen og oppdage nye eventyr som ventet på henne.

Denne morgenen var intet unntak. Med en ivrig pote og et nysgjerrig blikk la Molly ut på sin daglige utforskningstur langs stranden. Hun sniffet i sanden, lekte med bølgene og hoppet elegant over steiner og skjell som lå strødd langs vannkanten.

Men plutselig, midt i sin lek, fanget Mollys skarpe øyne synet av noe som fanget hennes oppmerksomhet. Langt borte, på toppen av en klippe som steg bratt opp fra stranden, så hun silhuetten av en ensom figur som stirret utover havet. Det var en ung gutt ved navn Henrik.

Henrik var en ensom gutt som bodde i den gamle fyrvokterhytta på klippen. Han tilbrakte dagene med å se ut over havet og lengte etter eventyr som lå utenfor hans rekkevidde. Han hadde alltid følt seg annerledes enn de andre barna i byen, og selv om han drømte om å utforske verden utenfor Sandvik, hadde han aldri hatt motet til å gjøre det.

Molly kunne se ensomheten i Henriks øyne, og noe inne i henne fikk henne til å føle medfølelse for den unge gutten. Med bestemte skritt begynte hun å klatre opp den bratte klippen, hoppende fra stein til stein og følge stiene som ledet oppover mot fyrvokterhytta.

Da Molly endelig nådde toppen av klippen, ble hun møtt av Henriks overraskede blikk. Han hadde aldri sett en så modig og bestemt katt før, og han kunne ikke annet enn å le når Molly strakk seg ut og ga ham et vennlig nuss med snuten.

Fra den dagen av ble Molly og Henrik uadskillelige venner. De tilbrakte dagene med å utforske Sandvik og dets omkringliggende områder sammen, og hver natt sov Molly ved foten av Henriks seng, som om hun skulle beskytte ham mot ensomheten og frykten som hadde plaget ham så lenge.

Gjennom deres eventyr lærte Henrik å se verden med nye øyne, og han oppdaget skjønnheten og magien som lå rett utenfor hans egen dør. Og sammen med Molly ved sin side, fant han motet til å følge sine drømmer og utforske verden utenfor Sandviks grenser.

Så, mens solen sank ned over horisonten og skyggene falt over den stille byen, avsluttet Molly og Henrik enda en dag med eventyr ved kysten av Sandvik. Men selv når natten falt og stjernene tente himmelen, visste de at de alltid ville ha hverandre, og at deres vennskap ville vare evig, som urokkelig som klippene ved kysten.

A Cat by the Coast

It was a tranquil morning by the coast of the beautiful little town of Sandvik. The sun cast its golden light over the calm waves lapping against the white sandy beach. A gentle breeze carried the scent of saltwater and seaweed, and the sound of seagulls squawking in the distance filled the air. In this idyllic corner of the world, we found our main character, a small cat named Molly.

Molly was not like other cats. While most cats preferred to spend their days hunting for mice or lounging in the sun, Molly had always had a curious nature. She loved to explore the world around her, and nothing brought her more joy than wandering along the beautiful coastline and discovering new adventures that awaited her.

This morning was no exception. With an eager paw and a curious glance, Molly set out on her daily exploration along the beach. She sniffed in the sand, played with the waves, and gracefully leaped over rocks and shells scattered along the shore.

But suddenly, in the midst of her play, Molly's sharp eyes caught sight of something that captured her attention. Far away, atop a cliff rising steeply from the beach, she saw the silhouette of a lonely figure gazing out over the sea. It was a young boy named Henrik.

Henrik was a lonely boy who lived in the old lighthouse keeper's cottage on the cliff. He spent his days gazing out over the sea and longing for adventures beyond his reach. He had always felt different from the other children in town, and although he dreamed of exploring the world beyond Sandvik, he had never had the courage to do so.

Molly could see the loneliness in Henrik's eyes, and something inside her made her feel compassion for the young boy. With determined steps, she began to climb the steep cliff, hopping from rock to rock and following the paths that led upward toward the lighthouse keeper's cottage.

When Molly finally reached the top of the cliff, she was met with Henrik's surprised gaze. He had never seen such a brave and determined cat before, and he couldn't help but laugh when Molly reached out and gave him a friendly nuzzle with her nose.

From that day on, Molly and Henrik became inseparable friends. They spent their days exploring Sandvik and its surrounding areas together, and every night, Molly slept at the foot of Henrik's bed, as if to protect him from the loneliness and fear that had plagued him for so long.

Through their adventures, Henrik learned to see the world with new eyes, and he discovered the beauty and magic that lay just beyond his own doorstep. And with Molly by his side, he found the courage to follow his dreams and explore the world beyond Sandvik's borders.

So, as the sun sank down over the horizon and the shadows fell over the quiet town, Molly and Henrik concluded another day of adventure by the coast of Sandvik. But even as night fell and the stars lit up the sky, they knew that they would always have each other, and that their friendship would endure forever, as unwavering as the cliffs by the coast.

Den Glemte Hytta

I de dype skoger i Norge, der trærne hvisker hemmeligheter og elvene synger gamle sanger, ligger det en hytte som har blitt glemt av tiden. Den glemte hytta, som den er kjent blant de lokale, er omgitt av mystikk og eventyr, og dens historie har blitt fortalt gjennom generasjoner som en del av skogens legender.

Historien om den glemte hytta begynner mange år tilbake i tid, da skogen var vill og uutforsket, og de som bodde der, var nært knyttet til naturen og dens krefter. Hytta ble bygget av en ensom skogsarbeider som søkte ly fra den bitende kulden og de voldsomme stormene som herjet gjennom skogen om vinteren. Han kalte det sitt hjem og levde der i ensomhet, omgitt av stillheten og skjønnheten i naturen.

Men en dag, da skogen var stille og tiden stod stille, forsvant skogsarbeideren sporløst. Ingen visste hva som hadde skjedd med ham eller hvor han hadde tatt veien. Hytta ble etterlatt og glemt av de som bodde i nærheten, og med tiden ble den overgrodd av mose og satt i skyggen av trærne som vokste opp rundt den.

Årene gikk, og historien om den glemte hytta ble glemt av de fleste. Men noen få holdt fortsatt minnet om hytta i live, og de hvisket om den i skumringen når månelyset kastet sine bleke stråler gjennom trærne og skapte skumle skygger på skogbunnen.

En dag kom det en ung kvinne ved navn Elin til landsbyen i utkanten av skogen. Hun hadde alltid hatt en fascinasjon for gamle historier og mystiske steder, og da hun hørte om den glemte hytta, visste hun at hun måtte utforske den nærmere.

Med en nysgjerrig sjel og et modig hjerte la Elin ut på reisen gjennom den tette skogen, guidet av de få spor av stier som fortsatt eksisterte etter så mange år. Skogen virket levende rundt henne, og hun kunne føle de gamle sjelene som en gang hadde vandret der, som en del av naturen selv.

Etter timer med vandring gjennom skogen, støtte Elin endelig på den glemte hytta. Den sto der, omgitt av trær og mose, som om den hadde blitt forlatt av tiden og glemt av verden. Med hjertet som banket av spenning, åpnet Elin døren og gikk inn i hytta.

Inne i hytta fant Elin spor etter dens tidligere beboere: gamle møbler som var dekket av støv, bilder på veggene som hadde falmet med årene, og bøker som lå åpne på bordet, som om de ventet på noen som skulle komme tilbake og lese dem. Elin kjente en følelse av ærefrykt og respekt for de som en gang hadde bodd der, og hun visste at hun måtte lære mer om hyttas historie.

Gjennom undersøkelser og møter med de eldste i landsbyen, avdekket Elin gradvis historien om den glemte hytta. Hun lærte om skogsarbeideren som hadde bygget den og levd der i ensomhet, og om mysteriet som omgav hans forsvinning. Og til slutt, etter mange dager med utforskning og etterforskning, fant hun den avgjørende ledetråden som ville lede henne til sannheten.

På en stormfull kveld, da tordenen rullet over himmelen og regnet pisket mot hyttas tak, stod Elin ved bredden av elven like ved hytta og stirret ut mot det bølgende vannet. Der, i det fjerne lyset fra lynet, så hun konturene av en skikkelse som beveget seg gjennom tåken.

Med et mot som var styrket av årelang utforskning, gikk Elin mot den skikkelsen som ventet henne. Og da hun endelig nådde den, ble hun møtt av en eldre mann med øyne som skinte av visdom og kunnskap.

"Mitt navn er Jakob," sa mannen med en stemme som bar tyngden av årene. "Jeg har vært her lenge, og jeg kjenner historien til denne skogen og dens hemmeligheter."

Elin lyttet til Jakobs historie med ører som var åpne for å lære, og hun lærte om den glemte hyttas sanne betydning og om skogsarbeideren som en gang hadde bodd der. Og til slutt, da tordenen stilnet og stormen avtok, visste Elin at hennes reise gjennom skogen hadde ført henne til et sted av visdom og innsikt som hun aldri ville glemme.

Så, når solen steg opp over horisonten og skogen våknet til liv, forlot Elin den glemte hytta med en følelse av tilfredshet og fred i hjertet sitt. Hun visste at selv om hytta kanskje hadde blitt glemt av de fleste, ville dens historie og dens mystikk leve videre gjennom henne og gjennom de som fortsatte å tro på kraften i gamle historier og eventyr.

The Forgotten Cabin

In the deep forests of Norway, where the trees whisper secrets and the rivers sing old songs, lies a cabin that has been forgotten by time. The forgotten cabin, as it is known among the locals, is surrounded by mystery and adventure, and its story has been told through generations as part of the forest's legends.

The story of the forgotten cabin begins many years ago, when the forest was wild and unexplored, and those who lived there were closely connected to nature and its forces. The cabin was built by a solitary woodsman who sought shelter from the biting cold and the violent storms that raged through the forest in winter. He called it his home and lived there in solitude, surrounded by the silence and beauty of nature.

But one day, when the forest was quiet and time stood still, the woodsman disappeared without a trace. No one knew what had happened to him or where he had gone. The cabin was left behind and forgotten by those who lived nearby, and over time, it became overgrown with moss and overshadowed by the trees that grew up around it.

Years passed, and the story of the forgotten cabin was forgotten by most. But a few still kept the memory of the cabin alive, and they whispered about it in the twilight when the moonlight cast its pale rays through the trees and created eerie shadows on the forest floor.

One day, a young woman named Elin came to the village on the edge of the forest. She had always had a fascination for old stories and mysterious places, and when she heard about the forgotten cabin, she knew she had to explore it further.

With a curious soul and a brave heart, Elin set out on the journey through the dense forest, guided by the few traces of trails that still existed after so many years. The forest seemed alive around her, and she could feel the ancient souls that had once wandered there, as a part of nature itself.

After hours of wandering through the forest, Elin finally stumbled upon the forgotten cabin. It stood there, surrounded by trees and moss, as if it had been abandoned by time and forgotten by the world. With her heart pounding with excitement, Elin opened the door and stepped inside the cabin.

Inside the cabin, Elin found traces of its former inhabitants: old furniture covered in dust, pictures on the walls that had faded with the years, and books lying open on the table, as if waiting for someone to come back and read them. Elin felt a sense of awe and respect for those who had once lived there, and she knew she had to learn more about the cabin's history.

Through investigations and meetings with the elders in the village, Elin gradually uncovered the history of the forgotten cabin. She learned about the woodsman who had built it and lived there in solitude, and about the mystery surrounding his disappearance. And finally, after many days of exploration and investigation, she found the crucial clue that would lead her to the truth.

On a stormy night, when thunder rolled across the sky and rain lashed against the cabin's roof, Elin stood on the banks of the river near the cabin and gazed out at the rolling water. There, in the distant light of the lightning, she saw the outlines of a figure moving through the mist.

With a courage strengthened by years of exploration, Elin approached the figure that awaited her. And when she finally reached it, she was met by an old man with eyes that shone with wisdom and knowledge.

"My name is Jakob," said the man with a voice that carried the weight of the years. "I have been here for a long time, and I know the history of this forest and its secrets."

Elin listened to Jakob's story with ears open to learn, and she learned about the true meaning of the forgotten cabin and about the woodsman who had once lived there. And finally, as the thunder quieted and the storm subsided, Elin knew that her journey through the forest had led her to a place of wisdom and insight that she would never forget.

So, as the sun rose above the horizon and the forest came alive, Elin left the forgotten cabin with a sense of satisfaction and peace in her heart. She knew that even though the cabin may have been forgotten by most, its story and its mystery would live on through her and through those who continued to believe in the power of old stories and adventures.

Sommeren ved fjorden

I den lille fjordbyen Vesterhavn, hvor fjellene møter havet og solen alltid synes å skinne litt lysere, lå det en bortgjemt perle av et hus rett ved vannkanten. Dette var stedet hvor Marte hadde vokst opp, og det var hit hun nå hadde kommet tilbake etter mange år borte.

Marte hadde forlatt Vesterhavn som ung og spent på å utforske verden utenfor. Hun hadde reist til storbyen og hadde funnet et travelt liv fylt med jobb og forpliktelser, men til tross for suksessen følte hun alltid et savn etter hjembyen og fjorden som hadde formet henne.

Så da livet hennes tok en uventet vending og hun fant seg selv tilbake i Vesterhavn, visste Marte at det var en mulighet til å starte på nytt, å finne tilbake til røttene sine og bygge en ny fremtid for seg selv.

Sommeren ved fjorden var som tatt ut av en drøm – dagene var fylt med solskinn og latter, og kveldene ble tilbrakt med å lytte til bølgene som slo mot stranden og puste inn den friske sjøluften. Marte følte seg som en annen person, som om hun endelig hadde funnet roen hun hadde lett etter så lenge.

Men til tross for den idylliske settingen, bar Marte på en tyngre byrde – hun visste at hun måtte ta et oppgjør med fortiden sin før hun kunne gå videre med livet sitt. Det var så mange ting hun hadde etterlatt uløst, så mange minner hun hadde prøvd å undertrykke, men nå visste hun at det var på tide å konfrontere sannheten.

Så en dag, mens solen skinte over fjorden og fuglene sang sine vakreste sanger, bestemte Marte seg for å ta en tur ned til stranden. Det var et sted hun hadde tilbrakt utallige timer som barn, et sted som alltid hadde føltes som hjemme, selv når hun var langt borte.

Som Marte satt på stranden og så utover det glitrende vannet, begynte minnene å strømme tilbake til henne. Hun husket lekene hun hadde lekt med vennene sine, de hemmelige stedene hun hadde utforsket, og de drømmene hun hadde hatt om fremtiden.

Men det var også minnene om moren hennes som kom tilbake til henne, minner som hun hadde prøvd å undertrykke så lenge. Moren hadde forlatt dem da Marte var ung, og selv om hun hadde prøvd å fortrenge smerten, visste hun nå at hun ikke kunne flykte fra den lenger.

Sakte men sikkert begynte Marte å grave dypt inne i seg selv, å utforske de dypeste hjørnene av hjertet sitt og å konfrontere de vanskelige sannhetene som lå der. Det var ikke lett, og det var mange tårer som ble felt underveis, men til slutt visste Marte at det var den eneste måten hun kunne komme videre på.

Gjennom hele prosessen hadde Marte en uventet støtte fra noen hun aldri hadde forventet å møte igjen – en gammel venn fra barndommen som hadde kommet tilbake til Vesterhavn akkurat som henne. Han het Lars, og selv om han hadde forandret seg mye siden sist de møttes, kunne Marte fremdeles se det samme glimtet i øynene hans som hun husket så godt.

Sammen begynte Marte og Lars å utforske fjordbyen på nytt, å oppdage skjulte perler og hemmelige steder som de hadde glemt fantes. De delte historier og minner fra barndommen, og de oppdaget at selv om mye hadde forandret seg, var vennskapet deres fortsatt like sterkt som før.

Til slutt, etter mange uker med utforskning og selvrefleksjon, sto Marte på stranden og så utover fjorden med et nytt syn på livet sitt. Hun visste at det var på tide å gå videre, å la fortiden ligge bak seg og å omfavne fremtiden med åpne armer.

Sommeren ved fjorden hadde vært en tid med forandring og vekst, en tid fylt med nye begynnelser og muligheter. Og selv om Marte visste at veien fremdeles ville være utfordrende, visste hun også at hun ikke lenger var alene – hun hadde hele Vesterhavn bak seg, og hun hadde Lars ved sin side.

Summer by the Fjord

In the small fjord town of Vesterhavn, where the mountains meet the sea and the sun always seems to shine a little brighter, there was a hidden gem of a house right by the water's edge. This was the place where Marte had grown up, and it was here she had returned after many years away.

Marte had left Vesterhavn as a young and eager explorer of the world beyond. She had traveled to the big city and found a busy life filled with work and responsibilities, but despite her success, she always felt a longing for her hometown and the fjord that had shaped her.

So when her life took an unexpected turn and she found herself back in Vesterhavn, Marte knew it was an opportunity for a fresh start, to rediscover her roots and build a new future for herself.

The summer by the fjord was like something out of a dream – the days were filled with sunshine and laughter, and the evenings were spent listening to the waves lapping against the shore and breathing in the fresh sea air. Marte felt like a different person, as if she had finally found the peace she had been searching for so long.

But despite the idyllic setting, Marte carried a heavier burden – she knew she had to confront her past before she could move forward with her life. There were so many things left unresolved, so many memories she had tried to suppress, but now she knew it was time to face the truth.

So one day, while the sun was shining over the fjord and the birds were singing their most beautiful songs, Marte decided to take a walk down to the beach. It was a place she had spent countless hours as a child, a place that had always felt like home, even when she was far away.

As Marte sat on the beach and looked out over the sparkling water, memories began to flood back to her. She remembered the games she had played with her friends, the secret places she had explored, and the dreams she had had for the future.

But there were also memories of her mother that came back to her, memories that she had tried to suppress for so long. Her mother had left them when Marte was young, and although she had tried to bury the pain, she now knew she couldn't run from it any longer.

Slowly but surely, Marte began to dig deep inside herself, to explore the deepest corners of her heart and confront the difficult truths that lay there. It wasn't easy, and there were many tears shed along the way, but in the end Marte knew it was the only way she could move forward.

Throughout the process, Marte had unexpected support from someone she never expected to see again – an old friend from her childhood who had returned to Vesterhavn just like her. His name was Lars, and although he had changed a lot since they last met, Marte could still see the same spark in his eyes that she remembered so well.

Together, Marte and Lars began to rediscover the town of Vesterhavn, to uncover hidden gems and secret places they had forgotten existed. They shared stories and memories from their childhood, and they discovered that even though much had changed, their friendship was still as strong as ever.

In the end, after many weeks of exploration and self-reflection, Marte stood on the beach and looked out over the fjord with a new outlook on her life. She knew it was time to move forward, to leave the past behind and embrace the future with open arms.

The summer by the fjord had been a time of change and growth, a time filled with new beginnings and opportunities. And although Marte knew the road ahead would still be challenging, she also knew she was no longer alone – she had the whole town of Vesterhavn behind her, and she had Lars by her side.

Spor i Snøen

I den lille fjellandsbyen Østbygd, langt inne i de dype skogene og omgitt av majestetiske fjelltopper, bodde det en ung kvinne ved navn Sara. Sara hadde alltid vært fascinert av naturen rundt henne, spesielt om vinteren når snøen la seg som et hvitt teppe over landskapet og skapte en stille skjønnhet som var uten sidestykke.

En kald vintermorgen våknet Sara til et landskap dekket av nysnø. Hun kunne se de hvite snøkrystallene som glitret i sollyset gjennom vinduet sitt, og hun visste med en gang at det ville være en perfekt dag for å utforske skogen og se etter dyrespor i snøen.

Med en følelse av spenning og eventyrlyst i hjertet, kledde Sara seg varmt og gikk ut i den kalde vinterluften. Hun kunne kjenne den friske luften brenne i lungene sine og høre lyden av snøen som knaste under støvlene sine. Det var som om naturen selv hilste henne velkommen til en dag med utforskning og oppdagelser.

Sara vandret gjennom skogen, ført av instinktet hennes og de sporadiske fotavtrykkene som var etterlatt av dyrene som hadde vandret gjennom skogen om natten. Hun kunne se spor av hjort og rev, og til og med et spor av en hare som hadde hoppet gjennom snøen i sin jakt på mat.

Men det som fanget Saras oppmerksomhet mest, var et merkelig spor som hun ikke kunne identifisere. Sporet var stort og kløvet i formen, og det var tydelig at det tilhørte et dyr av betydelig størrelse. Sara visste at dette var et spor som hun måtte følge, selv om det førte henne langt inn i skogen og vekk fra den trygge stien hun hadde fulgt så langt.

Med mot og besluttsomhet i hjertet sitt, fulgte Sara sporet dypt inn i skogen. Hun kunne føle pulsen sin banke i ørene sine og hjertet hennes banke i brystet sitt mens hun fortsatte å følge sporet gjennom det tette underbrush og den dype snøen. Hun visste ikke hvor langt det ville føre henne, men hun visste at hun ikke kunne gi opp før hun hadde funnet ut av mysteriet bak de merkelige sporene i snøen.

Etter mange timer med vandring, kom Sara til et åpent område i skogen der sporet forsvant inn i det dype hvite. Hun kunne ikke se noen tegn til dyret som hadde etterlatt sporet, men hun visste at hun var nærmere å løse mysteriet enn noensinne før. Med hjertet bankende av spenning, fortsatte Sara å utforske området nærmere, på jakt etter spor som kunne føre henne til svarene hun søkte.

Plutselig, midt blant trærne, oppdaget Sara et gammelt skur som sto forlatt og glemt i skogen. Med en følelse av nysgjerrighet og spenning, nærmet hun seg skuret og åpnet døren med en knirkende lyd. Inne i skuret fant hun et gammelt kart som lå spredt utover et bord, sammen med en lapp som var skrevet på et språk som hun ikke kunne forstå.

Med skjelvende hender plukket Sara opp kartet og begynte å studere det nøye. Hun kunne se at det var tegnet en rute som førte gjennom skogen og til et avsidesliggende sted dypt inne i fjellene. Hun visste med en gang at dette var stedet som de merkelige sporene hadde ført henne til, og hun visste at hun måtte følge kartet til enden for å løse mysteriet bak sporene i snøen.

Med kartet som hennes eneste ledetråd, satte Sara ut på reisen gjennom skogen og fjellene. Hun kunne føle spenningen bygge seg opp i brystet hennes mens hun fortsatte å følge kartet og nærmet seg det avsidesliggende stedet som var tegnet på det.

Til slutt, etter mange timer med vandring, kom Sara til en skjult dal dypt inne i fjellene. Der, midt blant de majestetiske fjelltoppene og den glitrende snøen, oppdaget hun det mest fantastiske synet: et gammelt tempel som lå skjult under et lag av snø og is.

Med et bankende hjerte gikk Sara mot tempelet og åpnet døren med en knirkende lyd. Inne i tempelet fant hun et kammer fylt med gamle artefakter og skrifter som fortalte historien om templet og dets betydning for de gamle stammene som hadde bodd i området i mange århundrer.

Men det som fanget Saras oppmerksomhet mest, var en gammel bok som lå åpen på et alter i midten av rommet. Boken var fylt med gamle skrifter og tegninger som beskrev den magiske kraften til de mystiske skapningene som en gang hadde bodd i skogen og beskyttet templet mot onde krefter.

Med hjertet fullt av takknemlighet og beundring, forlot Sara tempelet og vendte tilbake til landsbyen sin. Hun visste at selv om hun hadde løst mysteriet bak sporene i snøen, ville hennes kjærlighet til naturen og eventyret alltid brenne sterkt i hjertet hennes, som en evig kilde til glede og inspirasjon.

Tracks in the Snow

In the small mountain village of Østbygd, far into the deep forests and surrounded by majestic mountain peaks, lived a young woman named Sara. Sara had always been fascinated by the nature around her, especially in winter when the snow blanketed the landscape like a white carpet, creating a quiet beauty that was unparalleled.

One cold winter morning, Sara woke up to a landscape covered in fresh snow. She could see the white snowflakes glistening in the sunlight through her window, and she knew right away that it would be a perfect day to explore the forest and look for animal tracks in the snow.

With a sense of excitement and adventure in her heart, Sara dressed warmly and stepped out into the cold winter air. She could feel the fresh air burning in her lungs and hear the sound of the snow crunching under her boots. It was as if nature itself welcomed her to a day of exploration and discovery.

Sara wandered through the forest, guided by her instincts and the occasional footprints left by the animals that had wandered through the forest during the night. She could see traces of deer and foxes, and even a track of a hare that had hopped through the snow in search of food.

But what caught Sara's attention most was a strange track that she couldn't identify. The track was large and cleaved in shape, and it was clear that it belonged to an animal of considerable size. Sara knew that this was a track she had to follow, even if it led her deep into the forest and away from the safe path she had followed so far.

With courage and determination in her heart, Sara followed the track deep into the forest. She could feel her pulse pounding in her ears and her heart pounding in her chest as she continued to follow the track through the dense underbrush and the deep snow. She didn't know how far it would lead her, but she knew she couldn't give up until she had unraveled the mystery behind the strange tracks in the snow.

After many hours of wandering, Sara reached an open area in the forest where the track disappeared into the deep white. She couldn't see any signs of the animal that had left the track, but she knew she was closer to solving the mystery than ever before. With her heart pounding with excitement, Sara continued to explore the area, searching for clues that could lead her to the answers she sought.

Suddenly, amidst the trees, Sara discovered an old shed that stood abandoned and forgotten in the forest. With a sense of curiosity and excitement, she approached the shed and opened the door with a creaking sound. Inside the shed, she found an old map spread out on a table, along with a note written in a language she couldn't understand.

With trembling hands, Sara picked up the map and began to study it carefully. She could see that it depicted a route leading through the forest and to a secluded place deep in the mountains. She knew right away that this was the place the strange tracks had led her to, and she knew she had to follow the map to the end to solve the mystery behind the tracks in the snow.

With the map as her only clue, Sara set out on the journey through the forest and mountains. She could feel the excitement building in her chest as she continued to follow the map and approached the secluded place depicted on it.

Finally, after many hours of trekking, Sara reached a hidden valley deep in the mountains. There, amidst the majestic peaks and the glistening snow, she discovered the most amazing sight: an old temple hidden under a layer of snow and ice.

With a pounding heart, Sara approached the temple and opened the door with a creaking sound. Inside the temple, she found a chamber filled with ancient artifacts and writings that told the story of the temple and its significance to the ancient tribes that had lived in the area for many centuries.

But what caught Sara's attention most was an old book lying open on an altar in the center of the room. The book was filled with ancient writings and drawings that described the magical power of the mysterious creatures that had once inhabited the forest and protected the temple from evil forces.

With her heart full of gratitude and admiration, Sara left the temple and returned to her village. She knew that even though she had solved the mystery behind the tracks in the snow, her love for nature and adventure would always burn brightly in her heart, like an eternal source of joy and inspiration.

En Venn i Viken

I den rolige landsbyen Viken, som ligger ved bredden av en stille fjord omgitt av frodige grøntområder og gamle eike- og bjørkeskoger, bodde det en ung kvinne ved navn Emma. Emma var kjent i landsbyen for sitt varme smil og vennlige vesen. Hun var alltid villig til å hjelpe sine naboer og var elsket av alle som kjente henne.

En solrik sommerdag, da luften var fylt med duften av nyklipte gressenger og blomstrende roser, bestemte Emma seg for å ta en tur ned til fjorden. Med kurven hennes fylt med deilig hjemmelaget mat og et teppe å sitte på, la hun ut på den korte spaserturen ned til vannkanten.

Da hun kom ned til fjorden, fant Emma en koselig plass under et gammelt eiketre. Hun bredte ut teppet og satte seg ned for å nyte den vakre utsikten over vannet. Bølgene glitret i sollyset, og en liten bris strøk over fjorden, og Emma kunne ikke hjelpe for å føle en følelse av fred og ro fylle henne.

Mens hun satt der og nøt stillheten og skjønnheten i naturen rundt seg, hørte Emma plutselig lyden av noen som nærmet seg. Hun så opp og så en ung mann komme gående langs stien som førte ned til fjorden. Han hadde et vennlig smil på leppene og bar med seg en liten kurv.

"God dag," sa Emma vennlig da mannen nærmet seg. "Er du også her for å nyte denne vakre dagen ved fjorden?"

"Mm, ja," svarte mannen og satte seg ned ved siden av henne. "Jeg heter Lars. Jeg bor ikke langt herfra."

"Hyggelig å møte deg, Lars. Jeg er Emma," sa Emma smilende. "Har du lyst til å dele litt mat med meg?"

"Det ville være veldig hyggelig," sa Lars og smilte tilbake. Han åpnet kurven sin og tok ut noen brødskiver og ost, og snart satt de to og delte mat og snakket og lo som gamle venner.

Etter en stund begynte Emma å lure på hva som hadde brakt Lars til fjorden denne dagen. "Så, Lars, hva førte deg hit i dag?" spurte hun nysgjerrig.

Lars så på henne og smilte. "Jeg var egentlig bare ute og gikk en tur, og så tenkte jeg at det ville være fint å tilbringe litt tid ved fjorden. Det er så fredfullt her."

"Ja, det er det virkelig," sa Emma og nikket enig. "Jeg elsker å tilbringe tid her nede. Det er som om alle bekymringene mine forsvinner når jeg er ved vannkanten."

De to fortsatte å snakke og dele historier mens de satt der ved fjorden. De lo og delte tanker og drømmer, og før de visste ordet av det, hadde timene fløyet forbi.

Til slutt begynte solen å gå ned over fjorden, og det var på tide å si farvel.

"Takk for en fantastisk dag, Lars," sa Emma og smilte varmt til ham. "Jeg håper vi kan gjøre dette igjen snart."

"Likeledes, Emma," svarte Lars og reiste seg opp. "Det var virkelig en glede å tilbringe tid med deg. Vi sees snart."

Emma pakket sammen kurven sin og gikk tilbake til landsbyen med et varmt smil på leppene. Selv om hun hadde bodd i Viken hele livet, følte hun plutselig at hun hadde oppdaget en ny venn og en ny forståelse for skjønnheten i det enkle livet ved fjorden.

I dagene som fulgte, fortsatte Emma og Lars å tilbringe tid sammen ved fjorden, og deres vennskap vokste stadig sterkere. De delte gledene og sorger, drømmene og ambisjonene, og visste at de alltid kunne regne med hverandre uansett hva livet måtte bringe.

Og så, i skyggen av de gamle eiketrærne og med lyden av bølgene som slo mot kysten, ble det skapt en ny vennskapets bånd i den lille landsbyen Viken, et bånd som ville vare livet ut og minne dem på den enkle gleden av å ha en venn ved sin side.

A Friend in Viken

In the peaceful village of Viken, situated by the banks of a serene fjord surrounded by lush greenery and ancient oak and birch forests, lived a young woman named Emma. Emma was known in the village for her warm smile and friendly demeanor. She was always willing to help her neighbors and was loved by all who knew her.

One sunny summer day, when the air was filled with the scent of freshly cut grass and blooming roses, Emma decided to take a stroll down to the fjord. With her basket filled with delicious homemade food and a blanket to sit on, she set out on the short walk down to the waterfront.

Upon reaching the fjord, Emma found a cozy spot under an old oak tree. She spread out the blanket and sat down to enjoy the beautiful view of the water. The waves sparkled in the sunlight, and a gentle breeze swept over the fjord, and Emma couldn't help but feel a sense of peace and tranquility wash over her.

As she sat there, soaking in the silence and the beauty of the nature around her, Emma suddenly heard the sound of someone approaching. She looked up and saw a young man walking along the path that led down to the fjord. He had a friendly smile on his lips and carried a small basket.

"Good day," Emma said kindly as the man approached. "Are you also here to enjoy this beautiful day by the fjord?"

"Mm, yes," the man replied, taking a seat next to her. "My name is Lars. I live not far from here."

"Pleasure to meet you, Lars. I'm Emma," said Emma, smiling. "Would you like to share some food with me?"

"That would be very nice," Lars said, smiling back. He opened his basket and took out some bread and cheese, and soon the two of them were sharing food and chatting and laughing like old friends.

After a while, Emma began to wonder what had brought Lars to the fjord that day. "So, Lars, what brought you here today?" she asked curiously.

Lars looked at her and smiled. "I was just out for a walk, and then I thought it would be nice to spend some time by the fjord. It's so peaceful here."

"Yes, it really is," Emma agreed, nodding. "I love spending time down here. It's like all my worries just disappear when I'm by the water's edge."

The two continued to talk and share stories as they sat there by the fjord. They laughed and exchanged thoughts and dreams, and before they knew it, the hours had flown by.

Eventually, the sun began to set over the fjord, and it was time to say goodbye. "Thank you for a wonderful day, Lars," Emma said, smiling warmly at him. "I hope we can do this again soon."

"Likewise, Emma," Lars replied, getting up. "It was truly a pleasure spending time with you. See you soon."

Emma packed up her basket and made her way back to the village with a warm smile on her lips. Although she had lived in Viken all her life, she suddenly felt like she had discovered a new friend and a new appreciation for the beauty of simple life by the fjord.

In the days that followed, Emma and Lars continued to spend time together by the fjord, and their friendship grew stronger with each passing day. They shared joys and sorrows, dreams and ambitions, knowing that they could always rely on each other no matter what life may bring.

And so, in the shade of the old oak trees and with the sound of the waves crashing against the shore, a new bond of friendship was forged in the small village of Viken, a bond that would last a lifetime and remind them of the simple joy of having a friend by their side.

Soloppgang i Sogn

I den lille landsbyen Balestrand, som lå vakkert til ved bredden av Sognefjorden, våknet en ung kvinne ved navn Ingrid tidlig en morgen. Solen kastet sine første stråler over fjellene og farget himmelen i nyanser av oransje og rosa, og Ingrid visste at det ville være en magisk dag i Sogn. Med et smil på leppene steg Ingrid opp og kledde seg varmt på. Hun visste at selv om det var sommer, kunne morgentimene være kjølige ved fjorden. Etter å ha tatt på seg jakken sin og trukket på seg de solide fjellskoene sine, gikk hun ut av huset sitt og ned til vannkanten.

Sognefjorden lå stille og blank som et speil, og fjellene rundt reflekterte solens første stråler. Ingrid pustet inn den friske luften og kjente på en følelse av fred og ro som bare naturen kunne gi henne. Hun visste at det var noe spesielt med å være i Sogn på en slik morgen, og hun ville ikke gå glipp av øyeblikket.

Mens hun gikk langs vannkanten, kom Ingrid over en liten båt som lå fortøyd ved kaien. Et smil spredte seg over ansiktet hennes da hun innså hva hun ville gjøre denne morgenen. Hun lånte båten og rodde forsiktig ut på fjorden, med soloppgangen som veileder og fjellene som voktere langs veien.

Etter en stund kom Ingrid til et lite, bortgjemt sted langs fjorden, hvor hun la båten til land. Hun gikk i land og begynte å utforske området nærmere. Mellom trærne og fjellene kunne hun se de første tegnene til liv i naturen, med fugler som sang og dyr som våknet til en ny dag.

Plutselig hørte Ingrid en lyd bak seg, og hun snudde seg for å se hva det var. Bak noen busker oppdaget hun en ung mann som satt og malte det vakre landskapet foran seg på lerretet sitt. Han hadde et konsentrert uttrykk i ansiktet og lot seg åpenbart inspirere av den vakre naturen rundt ham.

"God morgen," sa Ingrid vennlig og gikk nærmere. "Det er et nydelig bilde du maler der."

Mannen snudde seg og møtte blikket hennes med et smil. "God morgen," svarte han. "Jeg heter Lars. Jeg er kunstner, og jeg har reist hit for å male Sogns vakre landskap."

"Ingrid," svarte Ingrid og smilte tilbake. "Det er virkelig en spesiell morgen i dag, ikke sant? Soloppgangen her i Sogn er alltid så magisk."

Lars nikket enig og tok en pause fra malingen for å beundre utsikten. Sammen stod de der og betraktet fjorden og fjellene som glødet i det tidlige morgenlyset, og Ingrid kunne ikke hjelpe for å føle en følelse av takknemlighet og ydmykhet over å få oppleve en slik skjønnhet.

Etter en stund inviterte Ingrid Lars til å bli med henne på en tur rundt området. De vandret langs stier og stier, og Ingrid delte historier og legender om Sogns rike kultur og historie. Lars lyttet fascinert til hvert ord, og han kunne ikke hjelpe for å bli forelsket i dette vakre hjørnet av verden.

Etter hvert som dagen gikk, fant Ingrid og Lars seg selv fordypet i samtale og latter mens de utforsket naturen rundt dem. De oppdaget skjulte fossefall og klare bekker, og de delte øyeblikk av stillhet og refleksjon mens de beundret den praktfulle naturen som omga dem.

Til slutt, da solen sto høyt på himmelen og dagen begynte å gå mot slutten, kom Ingrid og Lars tilbake til landsbyen. De hadde tilbrakt en uforglemmelig dag sammen, fylt med eventyr og oppdagelser, og de visste at de ville huske denne dagen for alltid.

Da de skiltes ved kaien, lovet de å møtes igjen og fortsette å utforske Sogn sammen. For selv om dagen var over, visste de at eventyret i dette vakre hjørnet av verden aldri ville ta slutt.

Sunrise in Sogn

In the small village of Balestrand, beautifully situated by the shores of the Sognefjord, a young woman named Ingrid woke up early one morning. The sun cast its first rays over the mountains, painting the sky in shades of orange and pink, and Ingrid knew it would be a magical day in Sogn. With a smile on her face, Ingrid got up and dressed warmly. She knew that even though it was summer, the mornings could be chilly by the fjord. After putting on her jacket and sturdy hiking boots, she left her house and walked down to the water's edge.

The Sognefjord lay still and mirror-like, and the mountains reflected the sun's first rays. Ingrid breathed in the fresh air and felt a sense of peace and tranquility that only nature could give her. She knew there was something special about being in Sogn on such a morning, and she didn't want to miss the moment.

As she walked along the water's edge, Ingrid came across a small boat moored at the dock. A smile spread across her face as she realized what she would do that morning. She borrowed the boat and gently rowed out onto the fjord, with the sunrise as her guide and the mountains as her guardians along the way.

After a while, Ingrid reached a small, secluded spot along the fjord, where she pulled the boat ashore. She got out and began to explore the area further. Between the trees and the mountains, she could see the first signs of life in nature, with birds singing and animals waking up to a new day.

Suddenly, Ingrid heard a sound behind her, and she turned to see what it was. Behind some bushes, she discovered a young man sitting and painting the beautiful landscape in front of him on his canvas. He had a concentrated expression on his face and was clearly inspired by the beautiful nature around him.

"Good morning," said Ingrid kindly as she approached. "That's a beautiful picture you're painting there."

The man turned and met her gaze with a smile. "Good morning," he replied. "My name is Lars. I'm an artist, and I've come here to paint the beautiful landscapes of Sogn."

"Ingrid," Ingrid replied, smiling back. "It's truly a special morning today, isn't it? The sunrise here in Sogn is always so magical."

Lars nodded in agreement and took a break from his painting to admire the view. Together, they stood there and admired the fjord and the mountains glowing in the early morning light, and Ingrid couldn't help but feel a sense of gratitude and humility for being able to experience such beauty.

After a while, Ingrid invited Lars to join her on a hike around the area. They wandered along trails and paths, and Ingrid shared stories and legends about Sogn's rich culture and history. Lars listened fascinated to every word, and he couldn't help but fall in love with this beautiful corner of the world.

As the day went on, Ingrid and Lars found themselves immersed in conversation and laughter as they explored the nature around them. They discovered hidden waterfalls and clear streams, and they shared moments of silence and reflection as they admired the magnificent nature surrounding them.

Finally, as the sun stood high in the sky and the day began to draw to a close, Ingrid and Lars returned to the village. They had spent an unforgettable day together, filled with adventure and discovery, and they knew they would remember this day forever.

As they parted ways at the dock, they promised to meet again and continue to explore Sogn together. For even though the day was over, they knew that the adventure in this beautiful corner of the world would never end.

Musikkesken

Det var en gang en liten bygd ved navn Solbakk, omringet av majestetiske fjell og frodige skoger. I Solbakk levde det en enke ved navn Signe, som hadde bodd der hele livet. Hun hadde alltid vært kjent som bygdas vennlige og omsorgsfulle sjel, og folk kom fra fjern og nær for å søke hennes råd og støtte.

En varm sommerdag, mens solen strålte over Solbakk, mottok Signe en uventet pakke i posten. Den var adressert til henne og var stemplet med et eksotisk sted langt borte. Nysgjerrig på innholdet, åpnet Signe pakken og fant en gammel, rusten musikkeske inni.

Musikkesken var dekorert med intrikate mønstre og hadde et håndtak på toppen som Signe forsiktig dreide. Til hennes forbauselse begynte musikkesken å spille en vakker melodi som hun aldri hadde hørt før. Tonene fylte rommet og skapte en følelse av fred og harmoni.

Signe visste ikke hvor musikkesken kom fra eller hvem som hadde sendt den til henne, men hun visste at den bar med seg noe spesielt. Hun bestemte seg for å utforske mysteriet og finne ut mer om dens opprinnelse.

Med musikkesken i hånden begynte Signe å spørre rundt i bygda om noen visste noe om dens historie. Men ingen hadde sett noe lignende før, og ingen kunne gi henne noen svar. Det virket som om musikkesken hadde kommet fra ingensteds, som om den hadde blitt sendt til henne av skjebnen selv.

Uten noen ledetråder å følge, bestemte Signe seg for å utforske musikkesken nærmere. Hun åpnet lokket forsiktig og oppdaget at det var et lite notat inni. Notatet var skrevet på et språk hun ikke kunne forstå, men det virket som om det var en beskjed fra den som hadde sendt musikkesken.

Signe bestemte seg for å søke hjelp fra en venn av henne, en ung mann ved navn Lars som hadde studert språk og kunne kanskje hjelpe henne med å oversette notatet. Lars var ivrig etter å hjelpe, og sammen begynte de å dekode meldingen.

Etter flere dager med hardt arbeid og forskning, lyktes det endelig Lars og Signe å oversette notatet. Det viste seg å være en beskjed fra Signes fjerne slektning, som bodde i et fjernt land. Slektningen forklarte at musikkesken hadde vært i familien i generasjoner og hadde blitt sendt videre som en arv fra mor til datter gjennom årene.

Beskjeden avslørte også at musikkesken hadde magiske egenskaper – den hadde evnen til å bringe glede og trøst til den som eide den, men den kunne også være farlig hvis den falt i feil hender. Slektningen ba Signe om å ta vare på musikkesken og bruke den til å spre kjærlighet og håp til dem som trengte det mest.

Rørt av den vakre historien og overveldet av ansvaret, bestemte Signe seg for å hedre sin families arv og bruke musikkesken til å hjelpe andre. Hun tok den med seg til bygdas sykehjem og spilte den for de eldre beboerne, som ble rørt til tårer av den vakre musikken.

Musikkesken ble et fast innslag på sykehjemmet, og Signe brukte den til å spre glede og trøst til alle som trengte det. Hun visste at musikken hadde en magisk kraft til å helbrede sorg og lindre smerte, og hun var takknemlig for den gaven hun hadde mottatt.

Med musikkesken ved hennes side fortsatte Signe å være bygdas lyspunkt, en kilde til håp og inspirasjon for alle som møtte henne. Og selv om hun aldri fikk svar på alle spørsmålene om musikkeskens opprinnelse, visste hun at den hadde brakt henne nærmere sitt hjerte og gitt henne en ny mening med livet.

The Music Box

Once upon a time, there was a small village named Solbakk, surrounded by majestic mountains and lush forests. In Solbakk lived a widow named Signe, who had lived there all her life. She had always been known as the friendly and caring soul of the village, and people came from near and far to seek her advice and support.

One warm summer day, while the sun was shining over Solbakk, Signe received an unexpected package in the mail. It was addressed to her and stamped with an exotic place far away. Curious about its contents, Signe opened the package and found an old, rusty music box inside.

The music box was decorated with intricate patterns and had a handle on top that Signe carefully turned. To her amazement, the music box began to play a beautiful melody that she had never heard before. The notes filled the room and created a sense of peace and harmony.

Signe didn't know where the music box came from or who had sent it to her, but she knew it carried something special. She decided to explore the mystery and learn more about its origin.

With the music box in hand, Signe began to ask around the village if anyone knew anything about its history. But no one had seen anything like it before, and no one could give her any answers. It seemed like the music box had come from nowhere, as if it had been sent to her by fate itself.

Without any clues to follow, Signe decided to explore the music box further. She opened the lid carefully and discovered that there was a small note inside. The note was written in a language she couldn't understand, but it seemed to be a message from whoever had sent the music box.

Signe decided to seek help from a friend of hers, a young man named Lars who had studied languages and might be able to help her translate the note. Lars was eager to help, and together they began to decode the message.

After several days of hard work and research, Lars and Signe finally succeeded in translating the note. It turned out to be a message from Signe's distant relative, who lived in a distant land. The relative explained that the music box had been in the family for generations and had been passed down as an inheritance from mother to daughter over the years.

The message also revealed that the music box had magical properties - it had the ability to bring joy and comfort to its owner, but it could also be dangerous if it fell into the wrong hands. The relative asked Signe to take care of the music box and use it to spread love and hope to those who needed it most.

Moved by the beautiful story and overwhelmed by the responsibility, Signe decided to honor her family's legacy and use the music box to help others. She took it to the village nursing home and played it for the elderly residents, who were moved to tears by the beautiful music.

The music box became a regular feature at the nursing home, and Signe used it to spread joy and comfort to all who needed it. She knew that the music had a magical power to heal sorrow and alleviate pain, and she was grateful for the gift she had received.

With the music box by her side, Signe continued to be the light of the village, a source of hope and inspiration for all who met her. And although she never got answers to all the questions about the music box's origin, she knew that it had brought her closer to her heart and given her a new meaning in life.

Bakerens nysgjerrighet

I den lille landsbyen Lykkeby ved kysten av Norge lå det et sjarmerende bakeri som ble drevet av en mann ved navn Lars. Lars var kjent i hele landsbyen for sine deilige bakverk og vennlige smil. Han hadde bakt brød og kaker siden han var en ung gutt, og hans lidenskap for baking skinte gjennom i hvert eneste produkt han laget.

En dag, mens Lars var opptatt med å forberede morgenbrødet i bakeriet sitt, la han merke til noe merkelig. En av kundene, en eldre dame ved navn Astrid, hadde kommet innom bakeriet som vanlig, men denne gangen hadde hun med seg en gammel bok som hun bladde gjennom mens hun ventet på å bli servert.

Nysgjerrig på hva som fanget Astrids oppmerksomhet, nærmet Lars seg henne forsiktig og spurte hva hun leste. Astrid smilte og viste ham boken - det var en gammel kokebok som hadde tilhørt hennes bestemor. I boken var det oppskrifter på alle slags tradisjonelle norske bakverk, fra krumkaker til smultringer.

Lars var straks fascinert av boken og spurte om han kunne låne den for å studere oppskriftene nærmere. Astrid nikket ivrig og overrakte boken til ham, og Lars lovet å behandle den med den største respekt.

I dagene som fulgte, forsvant Lars ned i en verden av gamle oppskrifter og hemmelige ingredienser. Han prøvde seg fram med forskjellige deiger og smaker, og eksperimenterte med å tilpasse de gamle oppskriftene til å passe til moderne smaksløker.

Etter flere forsøk lyktes Lars endelig i å gjenskape noen av de klassiske oppskriftene fra Astrids bok. Han presenterte dem stolt for kundene sine, og de ble møtt med begeistring og ros. Snart ble Lars' bakeri kjent langt utenfor Lykkeby for sine autentiske og velsmakende bakverk.

Men selv om Lars hadde funnet suksess med de gamle oppskriftene, kunne han ikke la være å lure på en ting - hva var historien bak boken? Hvem hadde skrevet den, og hvordan hadde den havnet i Astrids hender? Med nysgjerrigheten gnagende i bakhodet, bestemte Lars seg for å grave dypere. Han begynte å stille spørsmål til de eldre i landsbyen, i håp om å finne noen som kunne kjenne igjen boken eller kanskje til og med kjenne til dens historie.

Etter mye søken og snakking med folk i landsbyen, kom Lars til slutt over noen ledetråder som førte ham tilbake i tid. Han oppdaget at boken hadde tilhørt en annen baker, en mann ved navn Henrik, som hadde bodd i Lykkeby for flere tiår siden.

Henrik hadde vært en legendarisk baker, kjent for sine tradisjonelle oppskrifter og sin kjærlighet til faget. Han hadde skrevet ned alle sine oppskrifter i boken som en gave til fremtidige generasjoner av bakere, og boken hadde blitt passede ned fra baker til baker gjennom årene.

Rørt av historien om Henrik og boken hans, bestemte Lars seg for å hedre hans minne ved å fortsette å bake etter de gamle oppskriftene og dele dem med verden. Han forsto nå at det ikke bare var oppskriftene som gjorde boken verdifull, men historien og arven den bar med seg.

Så, med Astrids velsignelse, fortsatte Lars å lage deilig bakverk inspirert av Henriks oppskrifter. Hans bakeri ble et knutepunkt i landsbyen, et sted der folk kunne komme sammen og nyte gode bakverk og enda bedre historier.

Og selv om Lars aldri fikk svar på alle spørsmålene sine om boken, visste han at han hadde funnet noe langt mer verdifullt - en historie om lidenskap, arv og kjærlighet til håndverket

.

The Baker's Curiosity

In the small village of Lykkeby, nestled along the coast of Norway, there was a charming bakery run by a man named Lars. Lars was known throughout the village for his delicious pastries and friendly smile. He had been baking bread and cakes since he was a young boy, and his passion for baking shone through in every product he made.

One day, while Lars was busy preparing the morning bread in his bakery, he noticed something peculiar. One of the customers, an elderly lady named Astrid, had come into the bakery as usual, but this time she had brought along an old book that she was flipping through while waiting to be served.

Curious about what had caught Astrid's attention, Lars approached her cautiously and asked what she was reading. Astrid smiled and showed him the book - it was an old cookbook that had belonged to her grandmother. In the book were recipes for all kinds of traditional Norwegian pastries, from krumkake to doughnuts.

Lars was immediately fascinated by the book and asked if he could borrow it to study the recipes more closely. Astrid nodded eagerly and handed the book to him, and Lars promised to treat it with the utmost respect.

In the days that followed, Lars delved into a world of old recipes and secret ingredients. He experimented with different doughs and flavors, and tried to adapt the old recipes to suit modern palates.

After several attempts, Lars finally succeeded in recreating some of the classic recipes from Astrid's book. He proudly presented them to his customers, and they were met with enthusiasm and praise. Soon, Lars' bakery became known far beyond Lykkeby for its authentic and delicious pastries.

But even though Lars had found success with the old recipes, he couldn't help but wonder about one thing - what was the story behind the book? Who had written it, and how had it ended up in Astrid's hands?

With curiosity gnawing at the back of his mind, Lars decided to dig deeper. He began to ask questions to the elders in the village, hoping to find someone who might recognize the book or perhaps even know its history.

After much searching and talking to people in the village, Lars finally came across some clues that led him back in time. He discovered that the book had belonged to another baker, a man named Henrik, who had lived in Lykkeby several decades ago.

Henrik had been a legendary baker, known for his traditional recipes and his love for the craft. He had written down all his recipes in the book as a gift to future generations of bakers, and the book had been passed down from baker to baker over the years.

Moved by the story of Henrik and his book, Lars decided to honor his memory by continuing to bake from the old recipes and sharing them with the world. He now understood that it wasn't just the recipes that made the book valuable, but the story and the legacy it carried.

So, with Astrid's blessing, Lars continued to create delicious pastries inspired by Henrik's recipes. His bakery became a hub in the village, a place where people could come together and enjoy good pastries and even better stories.

And although Lars never got answers to all his questions about the book, he knew that he had found something far more valuable - a story of passion, heritage, and love for the craft.

En Kopp Med Vennlighet

I den lille landsbyen Rødmal, omgitt av frodige skoger og rolige bekker, levde det en eldre mann ved navn Lars. Lars var kjent for sin vennlighet og omsorg for andre, og han ble sett på som en slags farsfigur for de som bodde i landsbyen.

Hver dag kunne man finne Lars sittende på den gamle trebenken ved siden av landsbyens brønn, hvor han hilste på forbipasserende med et varmt smil og et vennlig ord. Han visste alt om livet i Rødmal, og han var alltid der for å lytte og hjelpe de som trengte det.

En dag, mens Lars satt på benken sin og nøt den varme sommersolen, kom det en ung kvinne bort til ham. Hun så bekymret ut, og det var tydelig at noe plaget henne.

"Kan jeg hjelpe deg med noe, min kjære?" spurte Lars med en mild stemme.

Kvinnen nikket forsiktig og satte seg ned ved siden av ham. Hun fortalte Lars om sine bekymringer og frykt for fremtiden, om hvordan livet virket så overveldende og uforutsigbart.

Lars lyttet oppmerksomt til henne, og da hun var ferdig med å snakke, strakte han hånden ut og la den forsiktig på hennes skulder.

"Du er ikke alene, min kjære," sa han med varme i stemmen. "Vi er alle sammen her for å støtte og hjelpe hverandre gjennom livets opp- og nedturer. Og husk, det er alltid en kopp med vennlighet å finne i Rødmal."

Kvinnen smilte forsiktig og takket Lars for hans trøstende ord. Med et lettere hjerte reiste hun seg opp fra benken og gikk videre gjennom landsbyen.

Etter at kvinnen hadde gått, ble Lars sittende på benken sin og tenkte på det hun hadde sagt. Han visste at det var sant - i Rødmal var det alltid en kopp med vennlighet å finne, enten det var i form av et vennlig smil, en trøstende omfavnelse eller en hjelpende hånd.

Så, med en følelse av bestemthet i hjertet sitt, bestemte Lars seg for å spre enda mer vennlighet i landsbyen. Han begynte å organisere ukentlige møter hvor folk kunne komme sammen og dele historier og erfaringer, og han oppmuntret alle til å være åpne og støttende overfor hverandre.

Etter hvert som ukene gikk, begynte Lars å se endringer i landsbyen. Folk smilte mer, var mer villige til å hjelpe hverandre, og det var en følelse av fellesskap og samhold som aldri før hadde vært til stede.

Og selv om livet fortsatte med sine utfordringer og prøvelser, visste alle i Rødmal at de kunne stole på at det alltid ville være en kopp med vennlighet å finne i deres elskede landsby.

A Cup of Kindness

In the small village of Rødmal, surrounded by lush forests and tranquil streams, lived an elderly man named Lars. Lars was known for his kindness and caring nature towards others, and he was regarded as a sort of father figure to those who lived in the village.

Every day, one could find Lars sitting on the old wooden bench next to the village well, where he greeted passersby with a warm smile and a friendly word. He knew all about life in Rødmal, and he was always there to listen and help those in need.

One day, as Lars sat on his bench enjoying the warm summer sun, a young woman approached him. She looked worried, and it was clear that something was troubling her.

"Can I help you with something, my dear?" Lars asked gently.

The woman nodded hesitantly and sat down beside him. She told Lars about her worries and fears for the future, about how life seemed so overwhelming and unpredictable.

Lars listened attentively to her, and when she finished speaking, he reached out and gently placed his hand on her shoulder.

"You are not alone, my dear," he said with warmth in his voice. "We are all here to support and help each other through life's ups and downs. And remember, there is always a cup of kindness to be found in Rødmal."

The woman smiled softly and thanked Lars for his comforting words. With a lighter heart, she rose from the bench and continued on through the village.

After the woman had left, Lars remained sitting on his bench, pondering what she had said. He knew it to be true - in Rødmal, there was always a cup of kindness to be found, whether it be in the form of a friendly smile, a comforting embrace, or a helping hand.

So, with a sense of determination in his heart, Lars decided to spread even more kindness in the village. He began organizing weekly gatherings where people could come together and share stories and experiences, and he encouraged everyone to be open and supportive towards each other.

As the weeks went by, Lars began to see changes in the village. People smiled more, were more willing to help each other, and there was a sense of community and solidarity that had never been present before.

And even though life continued with its challenges and trials, everyone in Rødmal knew that they could rely on there always being a cup of kindness to be found in their beloved village.

Den Sangende Flodhesten

I den vakre Afrikanske savannen, der solen skinner sterkt og dyrene vandrer fritt, levde det en gruppe dyr i harmoni og glede. Blant dem var det en spesiell flodhest ved navn Henrik, som hadde en unik gave som skilte ham fra resten av dyrene - han kunne synge.

Henrik var ikke som andre flodhester. Mens de fleste flodhester foretrakk å plaske rundt i vannhullene og tygge på gress, fant Henrik glede i å synge til soloppgangens stråler og solnedgangens fargerike himmel. Hans stemme var dyp og kraftig, og når han sang, kunne hele savannen høre det.

Dyrene i savannen elsket å høre Henrik synge. Hans stemme brakte glede og fred til alle som lyttet, og det var ingen tvil om at han var den mest elskede flodhesten i hele området.

Men en dag, da solen skinte sterkt over savannen og det var en følelse av ro i luften, skjedde det noe merkelig. Henrik våknet opp og innså at han ikke kunne synge lenger. Hans stemme var borte, og til tross for alle forsøkene hans, kunne han ikke utstøte så mye som et pip.

Henrik var forvirret og engstelig. Sangen hadde vært en så stor del av hvem han var, og nå var den plutselig borte. Han følte seg som om han hadde mistet en del av seg selv, og han visste ikke hva han skulle gjøre.

Dyrene i savannen la merke til Henriks plutselige stillhet og kom for å trøste ham. De visste hvor mye sangen betydde for ham, og de var fast bestemt på å hjelpe ham med å finne tilbake til den.

Elefanten Einar, den viseste av alle dyrene, kom med en idé. Han foreslo at de skulle dra på en reise gjennom savannen for å finne den legendariske Sangmesteren, en mystisk skapning som ble sagt å ha makten til å helbrede selv den mest skadede stemmen.

Henrik var skeptisk til å begynne med, men da han så de faste og håpefulle ansiktene til vennene sine, bestemte han seg for å bli med på reisen.

Sammen begynte de reisen gjennom den afrikanske savannen, gjennom skog og sletter, på jakt etter den legendariske Sangmesteren. De møtte mange utfordringer underveis - fra brølende løver til glupende krokodiller - men de lot ikke noe stoppe dem i jakten på å gjenopprette Henriks stemme.

Til slutt, etter mange dagers reise, kom de til en dyp og mystisk dal, hvor det var sagt at Sangmesteren holdt til. Dalen var omgitt av høye fjell og frodige trær, og det var en følelse av magi i luften.

Da de nærmet seg dalen, kunne de høre en vakker sang som strømmet ut fra de dype skogene. Det var som om naturen selv sang i harmoni, og dyrene visste at de var nær å finne den de lette etter.

De gikk inn i dalen med hjertene bankende av forventning, og der, under det majestetiske treet, fant de Sangmesteren - en eldgammel og klok gorilla med et vennlig smil og et blikk som så rett inn i sjelen deres.

Sangmesteren visste straks hvorfor de hadde kommet, og han inviterte dem til å sitte ned og dele historien sin. Han lyttet med oppmerksomhet til Henriks fortvilelse og vennenes bestemte ansikter, og til slutt smilte han lurt.

"Du trenger ikke meg for å finne stemmen din, min venn," sa Sangmesteren med en stemme som var like beroligende som en fjær som danset i vinden. "Sangen din har alltid vært inne i deg. Du må bare lytte til hjertet ditt og la musikken flyte fritt."

Henrik og vennene hans så forundret på hverandre. De hadde aldri tenkt på det på den måten før. Kanskje hadde løsningen vært innenfor rekkevidde hele tiden.

Med et løftet om håp i hjertet sitt, gikk Henrik inn i den dypeste delen av dalen og lukket øynene. Han lyttet til lyden av vinden som suser gjennom trærne, til rytmen av elvenes strømmer, til hjerteslagene til vennene hans.

Og der, i det magiske øyeblikket, hørte han det - en svak, men vakker melodi som begynte å strømme fra hjertet hans. Det var som om musikken hadde vært der hele tiden, bare ventet på å bli gjenfunnet.

Med en følelse av glede og forundring, åpnet Henrik øynene og begynte å synge. Stemmen hans var ikke lenger stille, men sterk og vakker som aldri før. Og da lyden av Henriks sang fylte dalen, kunne dyrene føle en følelse av fred og harmoni som spredte seg gjennom luften.

For Henrik hadde funnet stemmen sin igjen, ikke gjennom ytre kraft eller magi, men gjennom det indre lyset som lå i hjertet hans. Og fra den dagen av, sang han med enda større glede og lidenskap enn før, og hans sang ble en hyllest til vennskapet og kjærligheten som bandt dem alle sammen.

Og selv om det aldri ble avslørt hva som egentlig hadde forårsaket Henriks midlertidige tap av stemme, visste dyrene at det ikke var så viktig. For i det store og hele hadde det ført til en reise gjennom savannen som hadde styrket vennskapet deres og vist dem verdien av å lytte til hjertet sitt og følge drømmene sine, uansett hvor vanskelig det kunne være.

The Singing Hippo

In the beautiful African savanna, where the sun shines brightly and the animals roam freely, there lived a group of animals in harmony and joy. Among them was a special hippopotamus named Henrik, who possessed a unique gift that set him apart from the other animals - he could sing.

Henrik was unlike other hippos. While most hippos preferred to splash around in the watering holes and chew on grass, Henrik found joy in singing to the rays of the sunrise and the colorful sky of the sunset. His voice was deep and powerful, and when he sang, the entire savanna could hear it.

The animals in the savanna loved to hear Henrik sing. His voice brought joy and peace to all who listened, and there was no doubt that he was the most beloved hippo in the entire area.

But one day, as the sun shone brightly over the savanna and there was a sense of calmness in the air, something strange happened. Henrik woke up and realized that he could no longer sing. His voice was gone, and despite all his efforts, he couldn't produce even a single note.

Henrik was confused and anxious. Singing had been such a big part of who he was, and now it was suddenly gone. He felt like he had lost a part of himself, and he didn't know what to do.

The animals in the savanna noticed Henrik's sudden silence and came to comfort him. They knew how much singing meant to him, and they were determined to help him find it again.

Elephant Einar, the wisest of all the animals, came up with an idea. He suggested that they should go on a journey through the savanna to find the legendary Songmaster, a mysterious creature said to have the power to heal even the most damaged voice.

Henrik was skeptical at first, but when he saw the determined and hopeful faces of his friends, he decided to join them on the journey.

Together, they began the journey through the African savanna, through forests and plains, in search of the legendary Songmaster. They encountered many challenges along the way - from roaring lions to hungry crocodiles - but they didn't let anything stop them in their quest to restore Henrik's voice.

Eventually, after many days of travel, they arrived at a deep and mysterious valley, where it was said that the Songmaster resided. The valley was surrounded by tall mountains and lush trees, and there was a sense of magic in the air.

As they approached the valley, they could hear a beautiful song flowing out from the deep forests. It was as if nature itself was singing in harmony, and the animals knew that they were close to finding what they were looking for.

They entered the valley with hearts pounding with anticipation, and there, under the majestic tree, they found the Songmaster - an ancient and wise gorilla with a friendly smile and eyes that looked straight into their souls.

The Songmaster immediately knew why they had come, and he invited them to sit down and share their story. He listened attentively to Henrik's despair and the determined faces of his friends, and finally, he smiled knowingly.

"You don't need me to find your voice, my friend," said the Songmaster with a voice as soothing as a feather dancing in the wind. "Your song has always been inside you. You just need to listen to your heart and let the music flow freely."

Henrik and his friends looked at each other in amazement. They had never thought of it that way before. Perhaps the solution had been within reach all along.

With a promise of hope in his heart, Henrik stepped into the deepest part of the valley and closed his eyes. He listened to the sound of the wind rustling through the trees, to the rhythm of the rivers flowing, to the heartbeats of his friends.

And there, in the magical moment, he heard it - a faint, but beautiful melody that began to flow from his heart. It was as if the music had been there all along, just waiting to be rediscovered.

With a sense of joy and wonder, Henrik opened his eyes and began to sing. His voice was no longer silent, but strong and beautiful as never before. And as the sound of Henrik's song filled the valley, the animals could feel a sense of peace and harmony spreading through the air.

For Henrik had found his voice again, not through external power or magic, but through the inner light that lay within his heart. And from that day on, he sang with even greater joy and passion than before, and his song became a tribute to the friendship and love that bound them all together.

And although it was never revealed what had actually caused Henrik's temporary loss of voice, the animals knew that it didn't matter so much. For in the grand scheme of things, it had led to a journey through the savanna that had strengthened their friendship and shown them the value of listening to their hearts and following their dreams, no matter how difficult it might be.

Kjærlighet i Skyene

I den lille landsbyen Dalen, omgitt av majestetiske fjell og frodige enger, bodde det en ung kvinne ved navn Astrid. Astrid var kjent for sitt glade sinn og sitt eventyrlystne hjerte, og hun tilbrakte dagene med å utforske de vakre landskapene som omga hjemmet hennes.

En dag, mens hun vandret gjennom de frodige enger, la hun merke til en spesiell sti som førte opp til toppen av det høyeste fjellet i dalen. Nysgjerrig på hvor stien kunne føre henne, bestemte Astrid seg for å følge den og se hva som ventet henne på toppen.

Etter en lang og kronglete sti, nådde Astrid endelig toppen av fjellet, og der ble hun møtt av det mest fantastiske syn. Foran henne åpnet himmelen seg til et hav av skyer, og hun følte seg som om hun hadde nådd himmelens porter.

Mens hun stod der og beundret det fantastiske synet, hørte hun plutselig lyden av en fløyte som strømmet gjennom luften. Hun snudde seg rundt og så en ung mann sittende på en klippe like ved, med en fløyte i hendene og et smil på leppene.

Astrid ble overrasket over synet av mannen og undret seg over hvordan han hadde klart å komme seg så høyt opp i fjellet. Men før hun kunne spørre ham om det, begynte han å spille på fløyten igjen, og lyden fylte luften med en følelse av fred og glede.

Intrigued av lyden av fløyten, gikk Astrid nærmere og satte seg ned ved siden av mannen. De begynte å snakke, og Astrid lærte at mannen het Bjørn og at han hadde bodd i dalen hele livet. Han fortalte henne om sin lidenskap for musikk og om hvordan han elsket å tilbringe timene sine på fjelltoppene, der han kunne spille på fløyten og la tankene vandre fritt.

Astrid ble fascinert av Bjørns historie og begynte å tilbringe mer tid sammen med ham på fjelltoppene. De utforsket dalen sammen, delte historier og drømmer og ble gradvis forelsket i hverandre.

Men som alle gode historier, var deres ikke uten utfordringer. For selv om de var dypt forelsket, visste de også at de kom fra to forskjellige verdener. Astrid hadde alltid drømt om å utforske verden utenfor dalen, mens Bjørn følte seg mest komfortabel hjemme på fjelltoppene.

De visste at de måtte ta et valg - om de skulle følge sine egne drømmer eller om de skulle velge kjærligheten. Det var ikke enkelt, men til slutt bestemte de seg for å følge sine hjerter og la kjærligheten lede veien.

Sammen forlot de dalen og begynte sitt eventyr gjennom de fjerne himmelene. De reiste til fjerne land og utforsket ukjente steder, alltid sammen og alltid forelsket.

Og selv om veien ikke alltid var lett, visste de at så lenge de hadde hverandre, ville de alltid være hjemme. For kjærligheten deres var som skyene - uendelig og evig, og den bar dem gjennom alle utfordringer og prøvelser de møtte på veien.

Love in the Clouds

In the small village of Dalen, surrounded by majestic mountains and lush meadows, lived a young woman named Astrid. Astrid was known for her cheerful spirit and adventurous heart, and she spent her days exploring the beautiful landscapes that surrounded her home.

One day, while wandering through the lush meadows, she noticed a special path leading up to the top of the highest mountain in the valley. Curious about where the path might lead her, Astrid decided to follow it and see what awaited her at the top.

After a long and winding path, Astrid finally reached the summit of the mountain, and there she was greeted by the most amazing sight. Before her, the sky opened up to a sea of clouds, and she felt as if she had reached the gates of heaven.

As she stood there, admiring the breathtaking sight, she suddenly heard the sound of a flute floating through the air. She turned around and saw a young man sitting on a cliff nearby, with a flute in his hands and a smile on his lips.

Astrid was surprised by the sight of the man and wondered how he had managed to climb so high up the mountain. But before she could ask him about it, he began to play the flute again, and the sound filled the air with a sense of peace and joy.

Intrigued by the sound of the flute, Astrid approached and sat down beside the man. They began to talk, and Astrid learned that the man's name was Bjørn and that he had lived in the valley all his life. He told her about his passion for music and how he loved to spend his hours on the mountain tops, where he could play the flute and let his thoughts wander freely.

Astrid was fascinated by Bjørn's story and began to spend more time with him on the mountain tops. They explored the valley together, shared stories and dreams, and gradually fell in love with each other.

But like all good stories, theirs was not without challenges. For even though they were deeply in love, they also knew that they came from two different worlds. Astrid had always dreamed of exploring the world outside the valley, while Bjørn felt most comfortable at home on the mountain tops.

They knew they had to make a choice - whether to follow their own dreams or whether to choose love. It wasn't easy, but in the end, they decided to follow their hearts and let love lead the way.

Together, they left the valley and began their adventure through the distant skies. They traveled to far-off lands and explored unknown places, always together and always in love.

And even though the road was not always easy, they knew that as long as they had each other, they would always be home. For their love was like the clouds - endless and eternal, and it carried them through all the challenges and trials they encountered along the way.

www.ingramcontent.com/pod-product-compliance
Lightning Source LLC
Chambersburg PA
CBHW061636130726
47996CB00003B/1305